La Pubblicazione di eBook con flussi di cassa Concept:

Come Pubblicare il tuo eBook in Amazon Kindle orme dall'inizio alla Fine

Christopher Kinkaid

I0464433

 Solardyne.com

Published by Solardyne, LLC
Portland, Oregon

ISBN-13: 978-1500687298
ISBN-10: 1500687294

Indice

Prefazione

Ulteriori informazioni su come formattare e pubblicare il tuo eBook su Amazon Kindle in 19 semplici passi. Il Digital Publishing è una rivoluzione - rivoluzione.

Pubblicare eBook veloce e facile se si sa come. Lo strumento di comunicazione più potente ti permette di pubblicare il vostro internet in tutto l'ampio spettro della piattaforma Kindle di Amazon, e pagato. Ora, è possibile raggiungere i siti di mercato per tutti intorno a lei, tutto in una volta, con questo semplice guida passo passo.

Streaming nella possibilità di raggiungere un pubblico mondiale per il vostro ampiezza eBook, e monetizzare i propri contenuti digitali per generare un flusso di cassa mensile. Questo eBook viene illustrato come formattare e pubblicare il tuo eBook con più lunga piattaforma digitale del mondo. Portate il vostro libro per applicare il concetto di flusso di cassa.

Questo libro va passo dopo passo attraverso la "meccanica" di formattare e pubblicare il proprio eBook con una sequenza di passi dall'inizio alla fine.

Inserire un eBook è una questione complicata. Ci proprie convenzioni, moduli, procedure, metodi e strumenti, ma come si raggiunto attraverso tutta quella nebbia?

Questo eBook è progettato per portare a voi, perché passo logico e semplice per passo attraverso l'intero processo di pubblicazione del libro, dall'inizio alla fine, in semplici passi da seguire. Raggiungere un pubblico globale di ampiezza è un potente strumento per Autori ed Editori. Scopri come pubblicare facilmente eBook direttamente dal tuo computer o PC, per uscire e toccare il mondo.

La pubblicazione e la diffusione del tuo eBook in tutto il mondo è la più grande opportunità per gli autori del 21° secolo. Questo Book è stato scritto per prenderlo e portarlo a voi e il vostro eBook, dal concetto di Cash Flow, Footsteps, dall'inizio alla fine.

Informazioni sul libro

Utilizzare questo Book per imparare a pubblicare il tuo eBook su Amazon con 19 gradini. Questo ebook è scritto come una procedura passo-passo per formattare e pubblicare il vostro eBook nel segmento marcata per le vendite Amazon Kindle e la distribuzione in tutto il mondo.

Il processo di pubblicazione di un eBook è complesso nei dettagli ma semplice, in formato. Non fatevi intimidire, anche una montagna può essere scalato con ogni passo alla volta. Nella pubblicazione eBook, ogni presa ha una risposta. Ogni cambiamento, una soluzione. Ogni libro che merita di essere letto, dovrebbe essere scritto.

Questo eBook è stato progettato per guidare l'utente dall'ideazione eBook attraverso la costruzione di un eBook dinamico completamente funzionale, Amazon e caricarlo sin dall'inizio. Approfitta delle caratteristiche di eBook moderna Costruire un'esperienza utile, interessante e piacevole per i lettori di eBook.

Provenendo dal concetto di flusso di cassa, questi passaggi sono lo strumento per accedere al più grande opportunità nella comunicazione moderna: l'editoria digitale dal computer o PC, direttamente alla rete globale di Amazon in un "click."

Utilizzare la **Guida rapida** nel Capitolo Dodici, che ti dà un Footsteps checklist per i suoi compiti di elementi e di formattazione.

Scrivere un eBook di successo è molto più di una grande scrittura. Inserire un eBook ti dà la possibilità di raggiungere un vasto pubblico, quasi immediatamente, una volta che si sa come. Questo eBook include i passaggi sequenziali e la tecnica di pubblicare il loro lavoro dall'inizio alla fine.

Capitolo 1 fornisce una panoramica ed esamina il processo di progettazione per strutturare il vostro eBook.

Capitolo 2 descrive sezioni o elementi si dovrebbe includere nel vostro eBook. L'esperienza del lettore è l'obiettivo più importante dell'editoria digitale.

Capitolo 3 discute il suo titolo di eBook. Il titolo definisce il suo eBook non solo per i lettori ma per i quali i programmi per elaboratore competere eBook.

Capitolo 4 descrive tutti gli elementi necessari per formattare la funzione del eBook moderna.

Capitolo 5 riguarda la formattazione dell'immagine stessa. Essa porta la bellezza ed espressione al vostro eBook con le immagini, e inserire e salvare quelle immagini per una visualizzazione davvero WISIWIG sui dispositivi mobili.

Capitolo 6 è dedicato alle tecniche di produzione per creare il tuo ebook copertura.

Capitolo 7 discute l'importanza di avere un editor. Più occhi significa un quadro più chiaro di come l'esperienza dei lettori del tuo eBook può essere sia emotivamente e intellettualmente.

Capitolo 8 porta a voi il modo in cui le cartelle Carica Publisher di Kindle e vivono nello spettro globale di Amazon.

Capitolo 9 copre la monetizzazione, la definizione dei prezzi, pagamenti, e la generazione di flusso di cassa mensile.

Capitolo 10 sembra strutturare la vostra mente. Ora che sei un autore, scoprire la tecnica per costruire la tua idea attraverso una maggiore presenza sul web

Capitolo 11 contiene una discussione sulla pubblicazione di libri in lingue diverse per aumentare il numero di Book che è possibile inserire.

Capitolo 12 è la Guida rapida, e Final Check List Footsteps.

Utilizzare questo Book pubblicare il tuo eBook in semplici passi eBook dal concetto attraverso vendite a livello mondiale, e la produzione di un flusso di cassa mensile.

Chi l'Autore

Christopher Kinkaid

Christopher (Toby) Kinkaid, originario di Portland, Oregon, è il fondatore di **Solardyne.com**, **SolarQuote.com**, e **AlgaeToday.com** , e ha lavorato nel campo delle tecnologie energetiche pulite per più di tre decenni. Kinkaid è l'inventore del modulo fotovoltaico concentratore solare ad asse verticale Wind Generator "Helyx" "Butterfly Non-imaging" (funzionamento continuo presso i Sandia National Laboratory dal 1994), l'obiettivo ottico del concentratore solare demultiplexer (Dr. James / Sandia National Laboratory, 1991), ed è l'inventore di un pacchetto originale di energia solare "Solar Power Pack" (Mother Earth News, "Littlest Utility" giugno / luglio 2001).

Inoltre, Kinkaid è stato un oratore ufficiale e presentatore di tecnologie energetiche pulite in vari eventi in tutto il mondo, tra cui "APEC" Bangkok, Tailandia, 2003 "World Energy Solutions" Tokyo, Giappone, 2003, la Conferenza Internazionale Biomassa (IBC), 2010, Minneapolis, MN, e la

Conferenza sulla biomassa algale Organization (ABO), 2010, Phoenix, AZ.

Christopher (Toby) Kinkaid, è apparso nelle interviste e interviste televisive KOIN, KGW TV, e "Oggi sostenibile" prodotte in Oregon, e ha fatto parte del consiglio di amministrazione per l'Associazione Idrogeno Nazionale degli Stati Uniti, Washington DC, 1993 Japanese Society of Satellite Communication (JCNET), Fukuoka, Giappone, 1994-1995, e Algaedyne Corporation, Preston, MN, 2010-2013.

Kinkaid, attualmente è amministratore delegato di Solardyne, LLC a Portland, Oregon, dove continua la sua attività di specialista nello sviluppo di applicazioni e nella ricerca di energia solare, eolica e biomasse.

Introduzione

Scopri come pubblicare eBook in 19 passi. Poche rivoluzioni hanno tali opportunità per gli scrittori e gli autori how editoria digitale. Dall'inizio dell'era digitale, dalla "rete di portata mondiale" attraverso "Cerca", "Social Media" e anche il "Apps", l'editoria digitale ha aperto i mercati enormi per il consumo d informazioni. La capacità di un autore da distribuire in un segmento di mercato globale e pagare royalties mensili direttamente con, è davvero potente.

Pubblicare, distribuire e vendere il tuo eBook in tutto il mondo dal tuo computer o PC gratis.

Utilizzando la piattaforma Amazon, le informazioni utili in tutte le discipline, attraverso eBooks, è solo un modo di vedere-e-tamburi di popolazione mezzo mondo. L'enorme segmento di mercato di Amazon, e gli strumenti che consentono agli inserzionisti, ha permesso la più grande rivoluzione nelle comunicazioni in quanto la penna: pubblicazione digitale da Click.

Il Digital Publishing è una rivoluzione con una differenza: Il tuo rivoluzione è.

Il genio puro della piattaforma Amazon è la capacità dei consumatori di ottenere informazioni interessanti e scaricare con un solo clic. Una volta che le persone hanno connesso alla rete Amazon e avere informazioni sul tuo conto già in atto, l'acquisizione di informazioni è veloce, facile e completa.

Questo libro è scritto per condividere con voi, il prossimo autore a pubblicare su Amazon Kindle, gli "strumenti" e "sequenza" di applicare questi strumenti per produrre libri elettronici con la massima qualità possibile.

In generale, per pubblicare il tuo eBook su Amazon richiederà osservare le seguenti cinque categorie:

Contenuto
Formattazione
EBook Immagine di copertina
Informazioni su Matter
Caricamento su Amazon

Questo libro esamina queste cinque grandi categorie in 19 misure specifiche, in modo che si può facilmente far avanzare il progetto dalla fase di concept alla Cash Flow. Dopo aver scritto la sceneggiatura di eBook e formato eBook vostro passo, si è pronti a rilanciare mondo il tuo eBook e renderlo disponibile per l'acquisto a livello globale.

Monetizzare il tuo eBook pubblicazione royalties dalla piattaforma Amazon. Pubblicazione sul sistema Kindle, si seleziona i suoi tassi di royalty del 35% o del 70% dei prezzi di vendita, in funzione dei prezzi di vendita che avete precedentemente selezionati per il vostro eBook. Le tue royalties inviata tramite assegno, EFT o pagamenti mensili, se si raggiunge la soglia di pagamento mensile da Amazon.

Editoria digitale di Amazon è un modello di business brillante per il semplice motivo che i loro costi sono estremamente bassi (fissa), e la sua portata globale con Amazon s vincente pagamenti piattaforma free direttamente a voi. Questo è un mondo nuovo e-book editoria, un ottimo modo per raggiungere un pubblico mondiale, e guadagnare grande reddito, mentre lo fate.

Capitolo Uno - Il Content Publishing - Panoramica

Pubblica il tuo eBook avvia correttamente con la qualità del vostro Book. Dopo la qualità del suo contenuto, i due aspetti più importanti sono il prossimo titolo e selezionando la copertura eBook.

Anche se il titolo di questo capitolo è basato sul "Content", il "contesto" in cui si struttura la vostra "Contenuto" determinare la loro importanza e l'impatto sul lettore. Titolo e Copertina vostro eBook sarà il fattore più interessante da leggere, come il lettore dà una risposta emotiva nel senso che provoca l'eBook. Lettori di Amazon saranno disegnate in o respinti in base alle loro "prime" impressioni.

Sfogliando i lettori di libri decide di acquistare l'eBook basato, sopraffatto o colpito dal modo in cui sia il certificato di titolo come ragioni per il suo interesse.

Come iniziare a scrivere il progetto eBook avviato da titolo. È sempre possibile modificarlo, migliorarlo o aggiornare poi dopo aver attivato, ma questo è il punto di partenza logico. È possibile migliorare la vostra posizione nelle ricerche dei titoli da Amazon con parole chiave ricco.

Ad esempio, ho pubblicato un libro dal titolo "Solar FV pompaggio dell'acqua." Quando ho iniziato a scrivere il libro ho voluto chiamarlo "Pompa l'acqua con il sole." Dopo alcune considerazioni, stabilire che ho avuto la parola "bomba" e "Acqua" nel mio primo grado, e da un punto di vista creativo della ricerca sul mio computer (PC) aveva solo due parole chiave "amici" nel mio titolo.

Sono andato a "Solar pompaggio dell'acqua" alla fine, perché questa descrive l'argomento del mio libro, e ciascuna delle tre parole del mio titolo era una parola chiave. Dato che questa era una frase organico qualcuno potrebbe usare mentre si fa una ricerca di aggiornamento Amazon per un Water tema di pompaggio solare fotovoltaico. Selezionando le parole chiave, è possibile "entrare" nella mente del vostro lettore, e pensare come farebbero.

La mia nuova scelta del titolo piacevolmente aumentato la mia "Keyword Density."

Nota: (Questo è utile per i computer che cercano direttamente il contenuto). Quando un lettore Amazon Kindle ricercati con qualsiasi termine relative al vostro titolo, speriamo che troviate che cosa. E si desidera eBook salire "verso l'alto della pagina", o vicino alla parte superiore della lista dei risultati di ricerca su Amazon. E 'fondamentale selezionare il titolo del tuo libro con attenzione.

Titoli (e sottotitoli) sono così importanti che la **Tre capitolo** è dedicato a questo aspetto.

Una volta che avete in parte già sviluppati, collegarli a un concetto di Cover di titoli eBook. Vi chiederete "perché stiamo cominciando dal eBook copertina? Non è questo mettere il carro davanti ai buoi?" Il motivo per iniziare con il titolo e la copertina del libro è l'ispirazione.

Nota: **sesto capitolo** è sulle copertine o le copertine del libro, ma sono così importanti per pensare a loro precoce è perspicace e divertente. Quando scrivo un eBook ho messo una copia del mio coperchio sulla mia scrivania mentre scrivo. Ispirare incontro attraverso il processo di elaborazione. E 'emozionante, e mi dà il mio obiettivo in questo processo. E mentre scrivo, tengo in bilico sopra il disegno della copertina. Quanto più il mio eBook cresce, più il disegno si sviluppa. La scrittura è organico, si finirà, spesso lontano da dove è iniziato, ma non è questo un grande giorno ne valeva la pena?

Cerca le parole chiave e eBook copre nel mercato Amazzonia.

Cerca eBook sul vostro materiale, o vicino, all'interno Amazon. Guardate le copertine del libro che può apparire nella vostra ricerca.

Nei termini di ricerca porterà a più eBook "preciso"? Cosa offrite ai vostri occhi? Che cosa ha spinto dentro, cosa ti fa pensare "voglio tutto"?

Scrivere un libro è un lavoro duro e richiede i migliori competenze. La scrittura è meglio quando si "navigare" le onde di passione. Quella passione comprende una grande energia e il soggetto del suo contenuto s il cuore della sua potente desiderio di pubblicare. Prendete la vostra passione a galla.

Creare la copertina del tuo libro è davvero emozionante da guardare, e mi dà sempre una spinta emotiva.

La scrittura, l'acquisto e la lettura di un eBook è un'esperienza emotiva. Inserire questa eccitazione e godetevi la vostra scrittura seguendo questi passi dal strappato attraverso.

Considerate la vostra Pubblico, e schermi.

Gli scrittori devono sviluppare contenuti interessanti, e in uno stile che è facile da leggere su dispositivi mobili. Scrivere eBooks, che si riflette nelle schermate dispositivi mobili sono marcate differenze da frasi di stampa tradizionali. Frasi brevi funzionare al meglio su schermi più piccoli. Gli schermi di apparecchi mobili sono circa 1/3 delle dimensioni di monitor per computer.

La formulazione di "contenuti" per eBook è diverso che scrivere per i libri di stampa tradizionali. Gli smart phone (telefoni intelligenti), le Tavole, e altre piattaforme piccolo schermo cambia l'esperienza di lettura.

I paragrafi lunghi non vengono letti molto bene su piccoli schermi. Scrivere in brevi paragrafi suggerisce non tronca i suoi contenuti, o licenza poetica, ma è meglio prendere in considerazione la vostra piattaforma, e massimizzare Experience Reader.

Le fasi specifiche nelle liste Digital Publishing Kindle eBook nell'ultimo capitolo vengono scritti per darvi una mappa di percorso dall'inizio alla fine. Utilizzare questa procedura quando si avvia il processo di scrittura, e si passa dal concetto di flusso di cassa. Quando si è pronti per lanciare il vostro eBook su Amazon piattaforma in tutto il mondo, si rimanda al **capitolo otto** cartelle e caricare il tuo libro

Scrivendo il suo libro - la Panoramica.

Il tuo eBook inizierà come un semplice documento WORD. Utilizzare un tipo di carattere e il testo in 12 pt semplice e chiaro. Lettori Kindle possono selezionare il proprio carattere e la dimensione, quando leggendo il vostro eBook, allora i numeri di pagina non esistono e sono obsoleti per il lettore di dispositivi mobili. Formattazione non ti preoccupare fin dall'inizio. Voi formattato il documento nei pressi della termine del processo di scrittura (questo farà risparmiare un po 'di tempo alla fine).

Quando si inizia a scrivere faccio solo con un semplice documento di Word utilizzando un tipo semplice e le dimensioni di stampa. Kindle è stato progettato per "semplice" che può convertire documenti Word trovi Mobi quando pubblicano il vostro eBook sulle loro piattaforme. Questo significa che è necessario formattare, infatti, con un formato specifico, ma così facendo, alla fine, può risparmiare un sacco di fatica sulla ristampa.

La bozza di lavoro del vostro eBook dovrebbe essere un documento di Word con un.

Doc. Scrivi il tuo libro senza alcuna formattazione diversa da una forte end "ritorno" di un paragrafo e iniziare un nuovo, ben separato per i paragrafi all'interno di ciascun capitolo.

Questo approccio di "piano di Jane" vi farà risparmiare tempo quando si arriva alla fine del documento.

Elementi da includere nel vostro eBook:

Nel **secondo capitolo** , di seguito, tutte le sezioni o elementi che si dovrebbe includere. Gli elementi sono illustrate e descritte. Per generare una bozza del vostro eBook, seguire questi semplici passaggi.

Questi passaggi sono progettati in una sequenza che fa "costruire" il tuo libro semplice, e segue un flusso logico. Dopo aver scritto il tuo eBook, si cuce il tuo eBook in comune le loro voci con collegamenti ipertestuali. Maggiori informazioni su questo nel quarto capitolo: formattazione.

Panoramica di Digital Publishing:

Il lungo processo di "Scrivi e Check" a digital publishing stanno scrivendo il contenuto, la formattazione del contenuto, scrive il "Stuff casa" produce l'immagine sulla copertina del suo libro, e il suo record nelle pubblicazioni Amazon.

Una volta registrato, è entroncará con il loro 'Bookshelf "o" Bookshelf" Questa pagina è il trampolino di lancio da cui si ottiene il informazioni da "Casa Stuff" dal suo libro, e iniziare a costruire il vostro eBook.

Per iniziare il processo di pubblicazione di eBook, selezionare NUOVO TITLE (nuovo titolo), come pagina Bookshelf Amazon.

La Stuff casa si riferisce a tutte le informazioni sul vostro sostegno eBook. Titolo, sottotitoli, autore, altri contributi elencati, la loro dichiarazione di copyright di materiale, descrizioni, parole chiave, categorie da collegare con forza il loro soggetto, sono tutti inclusi nelle informazioni nella "Casa Stuff."

È necessario preparare tre parti fondamentali del vostro eBook. Le informazioni contenute nella "materiale della casa", di cui sopra. L'eBook in sé, formattato correttamente, e la copertura La cartella eBook.

Caricare le cartelle contenuti (. Doc) file e cartella immagini Coprire eBook (. JPEG) sotto il suo nuovo titolo. Una volta caricato tutto all'interno della piattaforma Kindle di Amazon, si seleziona la quantità di dollari (o altra valuta) che si desidera caricare per ogni copia per ciascun territorio o globalmente, e si digita SAVE e INVIA (SAVE o SAVE E INVIO).

Dopo aver inviato le cartelle, si "vive" nel mondo nei 12 a 48 ore successive.

Dal computer, o PC, si avrà la possibilità di pubblicare annunci globali con Amazon. Nessun addebito per vendere eBook su Amazon sulla rete.

Per autori ed editori, la piattaforma di publishing Amazon è un potente rivoluzione. Chiunque, ovunque, in grado di raggiungere e toccare il mondo.

Nel prossimo capitolo, andremo passo dopo passo attraverso gli "elementi" a parte che verrà utilizzata nella "costruzione" del vostro eBook su Kindle.

Capitolo Due - Elementi da includere nel vostro eBook

Quando avete finito di scrivere la bozza finale del suo libro, il "contenuto" del tuo eBook verrà formattato per il download digitale.

Come tale, l'approccio migliore è quello di avere una ricca selezione di articoli inclusi nel formato eBook e sfruttare le caratteristiche specifiche di eBook. Diverse sezioni o elementi danno tuo lettore diversi modi per guardare il suo libro, sfogliare il vostro eBook, trovare informazioni sul vostro eBook, e fornire un ambiente ricco per godere il vostro eBook.

I lettori che acquistano eBooks cercano la facilità d'uso, la profondità dei contenuti e divertimento nella loro esperienza di eBook. La navigazione attraverso eBooks è una caratteristica di grande valore per i lettori. Ognuna delle sezioni saranno disponibili direttamente ai suoi lettori per il semplice "click" a collegamenti ipertestuali che mettete nel vostro indice e luoghi speciali per il vostro testo.

Ho formattato correttamente operare l'eBook sono vitali per un eBook di successo. Il **capitolo 4** (formattazione) copre le caratteristiche essenziali del processo di formattazione si attende in eBook moderni.

In un libro, l '"Indice" è dinamico. I titoli dei capitoli sono "tecleables" che vi porterà direttamente all'inizio del Capitolo nel corpo del testo, o altrove, a seconda di come il lettore scegliere.

Le voci da includere nel vostro libro, in questo caso, e fare riferimento a "pacchetti" di informazioni specifico che aiuta i lettori a navigare il loro eBook. Le diverse sezioni, elencate di seguito, sono designati come "gruppi" di informazioni sul tuo libro, dando al lettore molte opzioni.

Ogni elemento principale avrà una propria pagina dedicata a lui, o pagine, e collocato nel suo indice.

Nella formattazione di sezione, Capitolo 4, andremo attraverso collegamenti ipertestuali, scaffale, e altri requisiti di formattazione. I collegamenti ipertestuali porteranno ai tuoi link lettore istantanei ad altre parti rilevanti del tuo libro, o collegarsi direttamente ai siti web. Le sezioni del lettore di eBook dare il vostro "grande revisione dei tratti" su come l'informazione è organizzata nei contenuti.

Scrivendo il suo libro con questi elementi dà al vostro lettore una visione più completa dell'autore, il contenuto eBook, e serve per migliorare l'esperienza del lettore.

Fase 1: Redazione l '"Indice"

La scrittura o la lettura di un eBook, tutto comincia con l'indice, se si sta appena iniziando a scrivere il suo libro, inizia l'indice. Scrivere primo indice, dà una tabella di marcia per il proprio eBook, e ti aiuta a organizzare i capitoli.

Come iniziare a scrivere l'indice, A Questo ti costringe a pensare al vostro eBook a grandi linee, e come un processo. Visualizzazione dei titoli dei capitoli, o gradi proposti, dà una struttura di base per la progressione del vostro eBook. Come iniziare a scrivere il tuo eBook potete seguire il vostro indice e lavorare in un capitolo del suo tempo.

Come si mangia un elefante? Un po 'alla volta. Lo stesso vale per la scrittura di un libro. E 'facile sentirsi sopraffatti quando si guarda la "montagna da scalare" rappresenta scrivere un eBook. Tuttavia, se si scrive il primo indice, è possibile concentrarsi un po 'alleggerire il fardello di tutto il progetto.

L'Indice è un "Grand Central Station" del tuo eBook. Questo indice offre ai lettori l'accesso a qualsiasi parte della vostra battitura eBook sul loro collegamenti ipertestuali.

Passo 2: Il "Prefazione"

La "Prefazione" dà al vostro lettore di eBook una panoramica dei temi del suo libro, e che cosa possono aspettarsi di acquistare il tuo libro. Scrivere una prefazione ad uno stile positivo e personaggi informativi, con l'intento di produrre qualsiasi seduzione.

La "Prefazione" di scrivere dovrebbe offrire qualche emozione e sollecitare il lettore. Descrina ciò che il lettore scoprirà, e vincere d leggere il tuo eBook. La "prefazione" può anche funzionare come introduzione l'introduzione (altrove). La prefazione dà la più "contesto" o "prospettiva" del tuo eBook. La "Prefazione" dovrebbe essere il gancio che porta il lettore a voler di più. Scrivi una "prefazione," come se tu fossi il lettore che vuole romancear.

Passo 3: "Sidewalk Libro"

"Informazioni sul libro" è importante, e dovrebbe essere scritto per dare una visione "meccanica" circa l'eBook. Comprende la descrizione dei capitoli, e la comprensione da versare al lettore in ogni capitolo.

Questa sezione "Informazioni sul libro" è un manuale per navigare il vostro eBook, e dare al lettore una "visualizzazione rapida" del suo libro

Fase 4: Scrivere la sezione "Chi l'Autore"

Questa sezione "Chi l'Autore" è vitale per costruire il vostro timbro. I lettori vogliono sapere chi sta scrivendo il libro, e probabilmente il terzo più importante nella loro decisione di acquistare, oltre al titolo e dettagli. Si sta scrivendo un libro che ha qualcosa da dire. Hai qualcosa da aggiungere alla letteratura, e quindi devono essere pubblicate. La sezione "Chi l'Autore" dovrebbe includere i "grandi luci" della sua carriera, o conoscenza generale che qualificano come uno scrittore.

La credibilità deriva dall'esperienza. La sua sezione "Chi l'Autore" può includere la tua foto (assicurarsi che la vostra immagine è solo tua, anteriore e qualità professionale). Includere eventuali URL o sito web dove può essere di cui l'oggetto del tuo eBook. Se siete stati pubblicati in altri siti includerli come parte della loro esperienza.

Fase 5: Scrivendo la sua "Introduzione"

L '"introduzione" del tuo eBook è molto importante per impostare il tono e la portata per il lettore. Fittizio o non, la "introduzione" fornisce lo stato per la sua uscita digitale e impostare il "contesto" per dare prospettiva al suo contenuto.

La sua sezione "introduzione" per essere costruito sulla sua "Prefazione" ed esplorare le lunghe corse portando il fuoco dentro, o "basso" dal soggetto al tuo argomento. Include la lunghezza del "contesto" del soggetto e porta il lettore alla specifica. Se si sta scrivendo un romanzo, quindi la sua introduzione mette in scena, e porta il lettore nella sua storia dall'esterno. Se si sta scrivendo una scrittura non-fiction, introduzione inquadra l'argomento del tuo libro, e cita gli aspetti interessanti e abbagliante per un soggetto normale e potenzialmente oscuri o poco conosciute.

Fase 6: Redazione suoi "Capitoli"

Organizza il tuo libro in capitoli distinti per il corpo del testo e includere foto se prendendo i suoi lettori per una visita. Il numero di capitoli è variabile, a seconda del contenuto del vostro eBook. I capitoli sono facilmente accessibili dal lettore dall'indice, utilizzando i collegamenti ipertestuali. Capitoli di denominazione pertinenti, devono tenere a mente i piccoli formati di schermo per i dispositivi portatili. Anche se gli utenti Kindle possono regolare la dimensione del testo visualizzato sullo schermo di lettori Kindle, i titoli dei capitoli loro indice sono generalmente meglio supportati quando sono a corto e stretto.

Mantenendo le loro brevi capitoli Index titoli, ma più in Titoli di capitoli mostrano come il corpo del testo al vostro eBook dà una visione chiara. Ciò mantiene il loro inconfondibile, "Index" conserva ancora i suoi titoli reali nel corpo della sua esplicativa e fedeli alla loro eBook intento originale. Quando si raggiunge la procedura descritta in Formattazione, formattare i loro titoli e sottotitoli come capitoli Titolo 1 Nella bozza stili di Word.

I capitoli devono essere separati da spazi Pages, word.doc inseriti nel documento. Questo sarà spiegato nel Capitolo Quattro - Formattazione.

Fase 7: Redazione del "Epilogo"

I lettori hanno sempre un'esperienza emozionale e intellettuale con un eBook. L'eccitazione o frustrazione può barattato attraverso l'esperienza della lettura. Un "epilogo" è una buona tecnica per "disegnare il tuo lettore" e lo attira circa. L "epilogo" mette un punto alla fine della preghiera, di parlare e di avvolgerlo e lasciarlo assorbire il significato di completamento, e rivisitare ciò che il lettore ha vissuto.

Capitolo Tre: Writing eBook Titolo

I due aspetti più importanti del vostro eBook dopo la qualità dei contenuti sono il titolo e la vostra casa.

Delineando il suo titolo è necessario superare diverse fasi. Inizia con il titolo nel suo cuore, una breve frase o un nome, che va al significato, l'essenza del vostro eBook. Q uesto è la versione romantica del titolo.

In editoria digitale, i titoli di eBook hanno due parti: il titolo e il sottotitolo.

La pubblicazione digitale è differente dalla pubblicazione di stampa. Pensate al vostro eBook in due modi: da un "punto di vista umano e dare voi stessi un" computer." Il primo modo per pensare al vostro libro è il punto di vista umano o punto di vista.

Il modo "umano" di pensiero nel suo libro è attraverso l'esperienza emotiva e intellettuale del vostro lettore. L'esperienza del lettore comprende come ispirato il titolo e coprono una decisione di acquisto come il lettore alla ricerca di argomenti interessanti di eBook, e l'eccitazione in attesa di leggere il tuo eBook.

Il secondo modo in cui si deve pensare al vostro eBook è in termini di come i computer "pensare."

La pubblicazione digitale è realizzato su una piattaforma digitale. Come tale, i computer sono integrati in modo dell'editoria digitale opera.

Dal punto di vista del mondo dei computer non è in fogli grigi, si vede solo in bianco e nero. Molti programmi per computer definiscono le domande e risposte, un computer "pensa" in ogni azione. Dal punto di vista di un programma per elaboratore, come il vostro titolo sembra?

C'è una parola nel titolo che permette una "ricerca" per trovare il tuo eBook? Ci sono parole nel titolo che un "umano" che cercano di usare l'argomento? Ricercare Macchinari di calcolo, tra cui Amazon, possono solo portare la popolazione al contenuto aver "registrato" in programmi informatici. Gli ebook sono libri digitali presenti su basati su piattaforme "computer." Come il lettore troverà dipende in particolare su come descrivere il contenuto del tuo eBook in Titolo e Sottotitolo.

Mercato non usare slogan nei loro titoli. Come regola generale, non gettare il tuo libro nel suo titolo, come "Best Seller" o "Numero 1." Lasciate che i commenti vengono, ma i titoli sono posto per il marketing, ma il posto per la descrizione. Nota: sottotitoli, tuttavia, sono il sito per la commercializzazione.

Nel nostro due-modo di pensare, il titolo "umano" deve essere emotivamente e intellettualmente "descrittiva" del suo contenuto. Lasciate che la massa del vostro eBook è il focus del titolo.

Dal punto di vista "Computer" volete che il vostro titolo di questa parola composta "ricerca."

Evitare inutili parole, o parole che non massimizzano la comprensione del lettore, e la capacità dei computer di "riconoscere" il loro contenuto. Nello spirito di eBook scrittura, Rico Strong e mantenere il titolo parole descrittive. Volete parole ponticello tra l'esperienza "umana" e il "computer" e per fornire effetto utile in entrambi i mondi.

Fase 8: Scrittura Titolo e Sottotitolo

Scrivi Titoli e sottotitoli di successo, lavorare meglio con qualche ricerca.

Fingere di essere un lettore, e entrónquese per la navigazione con Amazon Kindle eBook disponibili. Sentire il contenuto disponibile, e apprezzare, non emulano quello che vedono, ma determinano una propria identità quando si vive in Amazzonia. Controllare la portata di eBook correlati. Guarda le classifiche, Cover Decks, libri e titoli di descrizione.

Alla ricerca di libri su Amazon, rapporto di eBook che raggiungono la cima alla lista. Non appare il termine di ricerca nei titoli di questi eBook che compaiono sulla parte superiore?

I titoli sono di solito brevi. Tuttavia la sua ricca tipo di sottotitolo in "Parole chiave" che sono "ricercabile." Nel complesso il titolo è breve, e sottotitolo è più ricco 2palabras Key. Scavare è bene sapere "parole chiave" che le persone utilizzano per i loro argomenti. È possibile "test" le parole chiave in una varietà di modi, ma è meglio fare una ricerca "organico."

Ricerca biologica è quando si effettua una lista di "parole chiave" e alla ricerca di quelle parole nella piattaforma di Amazon Kindle eBook. Avrebbe portato buoni risultati le parole chiave? Come l'autore del libro elettronico, familiarizzare con il campo di applicazione della letteratura disponibile. Guardando su Amazon come un lettore Kindle sarà piacevolmente raggiunto il loro premio di mercato e come aiutare nel fissare il prezzo.

Nell'esempio di cui sopra ho citato uno dei miei eBook "PV Solar pompaggio dell'acqua". Come ho deciso la densità delle parole chiave con questa scelta del titolo?

Il mio Sottotitoli per "Solar FV pompaggio dell'acqua" è "rendere i sistemi di pompaggio acqua con l'energia solare per Wells, ruscelli, stagni, laghi e torrenti?

MI sottotitoli è ricco in aggiunta, e diverso, parole chiave che danno i motori di ricerca 'computer' dare qualcosa da registrare. Ho "How To" come un elemento di ricerca popolare. Oltre alla mia s Parole chiave titolo, ho potere, sistema, Bene, Ruscello, Stagno e Stream. Tutte queste parole sono termini di "possibile e auspicabile" ricerche in un potenziale lettore può usare per trovare un libro con il mio soggetto.

Seleziona il tuo Titolo e Sottotitolo con grande cura, la ricerca, e la considerazione per una risposta positiva sia nella percezione "umano" e la classificazione di "calcolatore" sarà presente nel vostro eBook.

Capitolo Quattro - Testo Formattare il vostro eBook per la pubblicazione Kindle

La formattazione tuo eBook è un lavoro molto importante. Forse il più felice quando si scrive un formato eBook sta passando aspetto. Ora avete elaborato il progetto definitivo, e la formattazione tempo il vostro eBook per il mercato mondiale. La formattazione corretta è fondamentale per una esperienza di successo pubblicazione digitale.

Il "baby" del formato eBook è andare a vedere il vostro eBook come si entra da una forma funzionale, fino a quando si tratta di vita. Scrivere il primo "corpo" del vostro eBook bozza di testo in chiaro è raggiunto. Nei passaggi che seguono la formattazione, Prendete il vostro progetto su "vanilla" al mondo vivente, con collegamenti ipertestuali e un indice di testo completamente funzionale.

I collegamenti ipertestuali consentono di passare il vostro lettore di eBook intorno al vostro eBook come si "connette" le diverse parti del vostro eBook. La "destinazione" dei loro collegamenti ipertestuali sono chiamati "Librerie e Libri".

E 'meglio fare la formattazione dopo aver scritto il corpo del testo. Scrivi il tuo primo libro e salva la procedura di formattazione per ultimo. Il motivo formato eBook vostra logistica è vicino alla fine.

La scrittura è un processo organico, e si ri-modificare il testo. Se fate la formattazione troppo presto, dollari per ciambelle vada, per il momento si raggiunge la fine della bozza, si rimuove capelli cercando di "ripulire" tutte le loro precedenti formattato. Credetemi, lasciarlo per ultimo.

Il Documento (i progetti di eBook) cartelle sono "caricati" a Kindle Digital Network Publishing in vari formati popolari. Queste cartelle sono formati preferiti PDF, HTML, HML, documenti di Word. Il formato preferito è quello di utilizzare le cartelle documento di Word.

Per un'esperienza regolare di ricarica scrivere il tuo eBook con MS WORD sia cartelle o file.

Doc, o con le estensioni xdoc. (Quando si salva o si salva il documento). Se si utilizza un Mac, quindi salvare il documento sotto SAVE AS, il nome, e selezionare il formato cartella word.doc.

Fase 9: documenti di Word

Pubblicazione Kindle è stato progettato per rendere il più semplice possibile. Durante la scrittura eBook inizia con il documento cartella word.doc.

Quando si inizia a scrivere il tuo eBook, iniziando con word.doc background sul vostro processore MS WORD, e il nome della cartella. Formattazione per Kindle richiesto è relativamente semplice, ma deve essere preciso.

Nota: non utilizzare le funzioni Intestazione e piè di pagina. Lasciate che questi spazi, e assicurarsi che siano nello stesso tipo di carattere e formato del corpo del testo.

Per controllare, basta digitare sulla testata o toccare nel documento, e verrà visualizzata la fonte. Volete l'intero documento è in una singola fonte.

La mia fonte preferita è Myriad Pro Staff @ 12 punti.

Passo 10: Inserire interruzioni di pagina

Il formato Kindle è molto specifico per le interruzioni di pagina. Questi dettare come si separano capitoli nel documento.

Utilizzando il pulsante "Inserisci interruzione di pagina" la funzione, si inserisce l'interruzione di pagina alla fine di ogni capitolo. Questo assicura che non ci siano spazi aggiuntivi o strani "ritorni" tra due sezioni concatenati all'interno del documento.

Inserire un'interruzione di pagina ha descritto come, inizia il tuo prossimo capitolo nella parte superiore della pagina sono. Quando i lettori digitati su un titolo di un capitolo nel suo indice, saranno collegamenti ipertestuali direttamente alla parte superiore della prima pagina di questo capitolo, proprio dove inizia.

Nota: Per controllare se siete riusciti quando si vede uno spazio vuoto nel documento (tra i capitoli), digitare ovunque nel vuoto, che dovrebbe portare il cursore alla fine del capitolo.

In caso contrario, e il cursore sul vuoto, quindi è necessario digitare i nuovi "ritorni" tra i capitoli.

Toccare il tasto undo (tasto cancella) Restituisce la cancellazione duro fino alla fine del capitolo precedente. Questo rende il flusso dei documenti e rende più facile per caricare il tuo eBook Kindle senza uscite, facendo il suo carico di esperienza senza problemi.

Fase 11: Inserimento Titoli I titoli 1 e 2

Per i titoli e gli altri Capitoli di capitale di parole che si desidera evidenziare nel testo, non utilizzare la funzione di dimensioni normali così come cambiare la dimensione del carattere di 12-18 punti. Invece, illuminare i loro titoli, e selezionare Titolo 1 (Intestazione 1) o rubrica 2 (intestazione 2) dalla sua funzione di stili.

Utilizzare la rubrica 1 (Intestazione 1) o rubrica 2 (intestazione 2) stili del "Cassetto Stili Vista" ("Visualizza Cassetto Stili") per evidenziare i loro titoli dei capitoli e tutte le sottovoci nel testo. Il Titolo 1 (Intestazione 1) è per i titoli dei capitoli e Titolo 2 (intestazione 2) è per ogni Sottovoce nel corpo del capitolo.

Kindle riconosce questi "stili" e fornisce un modo per standardizzare i titoli nel documento in modo che sia redactable per Kindle.

Kindle supporta caratteri di base, e le parole può essere formattato come grassetto, corsivo, e salassi, in modo da avere una certa flessibilità nei loro caratteri e formati di parola.

Fase 12: Collegamenti ipertestuali e Punti di riferimento - costruire il vostro indice

Una grande differenza tra libri e eBook stampata è il collegamento ipertestuale. Gli eBook sono dinamici, il che significa che è possibile aggiungere collegamenti nel testo, che operano come "bottoni" che conducono il lettore in un'altra parte del suo libro ad un sito web dal tuo libro.

Come costruire l'indice, ha aggiunto i collegamenti ipertestuali di ogni titolo di capitolo alla posizione del capitolo nel tuo libro (chiamati segnali o segnalibro).

Segni nel documento raccontano le località di computer nel testo che si desidera collegare a tali titoli dei capitoli. Fai la tua lista dei segnali richiede primo tiro giù il documento. Evidenziare Relazione tutto quello che vuoi nel testo del capitolo titolo, sottotitolo, o di testa o Paragrafo notevole. (Nota: è possibile aggiungere solo un segnale ogni volta).

In Word, aprire il "Impostazioni" sotto VISTA (VIEW) nel loro bar formattato.

Evidenziare il titolo del capitolo che si desidera contrassegnare come segno. Poi vai su "Inserisci" sulla barra degli strumenti Formattazione e selezionare "Inserisci-Collegamento ipertestuale".

Quando si seleziona "collegamento ipertestuale" per il testo selezionato, nella finestra "ispettore" vi darà una tabella di selezione. Signal Select e inserire il segno "+" in background. Il titolo che hai acceso il capitolo è stato aggiunto alla tua lista di segnali (verrà visualizzato nella lista. Rotolare giù il documento ed evidenziare insert-collegamento ipertestuale, digitare libro di Mark, digitare "+" e continuare ad aggiungere e costruire la vostra lista dei segnali.

Una volta che tutti i Titoli capitoli individuali vengono portati nella loro lista Bookshelf, è il momento di costruire l'indice.

Vai alla pagina di indice. Inserisci un elenco di titoli dei capitoli separati da un "ritorni" sul suo indice web.

Capitolo Evidenziare un titolo e selezionare "Inserisci - Collegamento ipertestuale" dalla funzione "Inserisci" o in formato a barre. Nella sua "finestra di controllo" selezionare "segnale" sotto il "Collegamento a" punto.

Dopo aver selezionato il segnale, l'elenco dei segnali selezionati in precedenza appare (può essere un menu che scende a "none" nella tabella della finestra finché non si digita). Selezionare il titolo del capitolo appropriato che vedete sulla lista.

Il collegamento ipertestuale è ormai fatto. Così facile. Quando, o il vostro lettore di selezionare Titolo Capitolo nel suo indice sono collegamenti ipertestuali direttamente all'inizio del capitolo selezionato nel suo libro.

Se volete che il vostro collegamento ipertestuale andare in un sito web o una pagina web al di fuori del eBook sul web poi nell'ultimo passaggio selezionare "collegamento ipertestuale." La finestra di ispezione cambierà e vedrete un posto per entrare destinazione formale URL del sito web. **Nota**: Assicurati di inserire il sito web per iniziare formalmente con http://

Fase 13: MANTENERE chiamare il vostro portafoglio e word.doc

Ora avete scritto il vostro progetto e aggiungere il documento formattato, è tempo di salvare. Assicurati di Salva con nome e assegnare un nome al documento in una cartella Word.doc. Il passo successivo è quello di aggiungere le immagini al vostro eBook. Per questo articolo andiamo al capitolo successivo: Abbiamo Importazione e formattazione di **immagini**.

Capitolo Cinque: Formattazione Images

La grafica sono elementi dinamici in editoria digitale. Le immagini sono optional su eBook, non il coperchio. Si possono usare o no. La pubblicazione di Kindle supporta diversi formati di immagini, tuttavia, per ottenere i migliori risultati, salvare sempre immagini dentro JPEG.

Ci sono limiti alla disposizione delle immagini e testo in una pagina della piattaforma Kindle. Le immagini possono essere localizzati (centrato) sopra o sotto il testo. E viceversa il testo può essere sopra o sotto le immagini.

La disposizione del testo intorno alle immagini non è sopportabile, e molto probabilmente si tradurrà in errori di formattazione, rendendo la sua riflessione era sul display in un modo che non si può provare. Ed essere sicuri di "Centro" le immagini nel documento.

Le immagini sono un caso speciale in editoria digitale, e richiedono una formattazione specifica per caricare agevolmente per visualizzarli volta che si prova sul tuo dispositivo mobile.

Fase 14: Importazione di immagini

Le immagini in formato nel documento correttamente Word.doc, se si sceglie di includere immagini, è di vitale importanza per l'editoria digitale. Solo per "pensare" come se fosse un computer con il titolo del contenuto, l'elaborazione delle immagini è di vitale importanza in termini di formato e dimensioni.

Ogni pagina semplice Kindle larghezza 600 pixel e 800 pixel di lunghezza. Assicurarsi che l'immagine non superi queste dimensioni, o il risultato sarà leggibile per un lettore Kindle. Le immagini che si desidera includere nel tuo libro devono essere "inserito" all'interno di documenti utilizzando la "Inserisci" la funzione WORD.

Mac Per gli inserzionisti, il "Inserisci - Selezionare" funzione è il comando appropriato per importare un'immagine. Se si utilizza una versione precedente del comando è "Inserisci - Immagine." La procedura corretta è quella di usare l'inserimento in MS WORD. Inserire il comando Immagine (o Inserisci - Seleziona - Nome cartella) - consentirà di selezionare un'immagine da importare nel documento word.doc.

Nota: Non utilizzare il comando Incolla Taglia e (Cut-N-Incolla) per importare le immagini al vostro progetto o bozza eBook. E 'importante evitare errori di formattazione quando si includono le immagini nel vostro eBook. Taglia e incolla questo comando non è supportato, con errori e la formattazione. Utilizzare la funzione "Inserisci" in Word per portare le immagini nel documento eBook. Utilizzare la funzione "Inserisci" in Word per portare le immagini nel documento eBook.

Vari formati di immagine sono supportati su Kindle, ma si consiglia vivamente di selezionare il formato. JPEG. Questo formato funziona meglio e vi darà una vista eccellente sul Kindle e dispositivi mobili che supportano Kindle.

Fase 15: Mantenere le immagini come cartelle compresse

La dimensione digitale del vostro roba eBook.

Amazon si riserva di addebitare una piccola consegna un'immagine digitale quando viene caricato il tuo eBook e scaricato. Pertanto, si vuole le tue foto, cartelle e documenti, sia il più piccolo possibile alla fine della cartella SAVE AS del vostro eBook.

Utilizzare la funzione di compressione delle immagini trovate sulla barra Formati immagine Word.

Urban Wind
Vertical Axis Wind Turbines

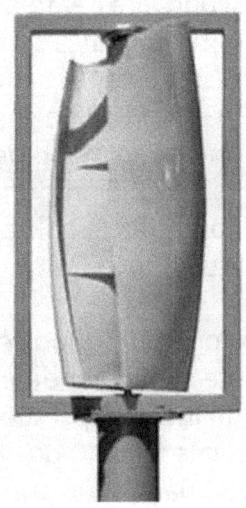

Wind Power in the City

Christopher Kinkaid

Dopo il Contenuto, titolo e sottotitoli, la copertina del tuo libro è l'aspetto più importante del vostro eBook digitale. Le copertine grafiche sono eccitante e stimolante. Alcune persone rispondono alle immagini didascalie. E altri reagiscono quando la grafica di carico. Infatti, la copertina del tuo eBook dovrebbe essere una sintesi vorreste vedere, e gli strumenti e le risorse che si possono toccare.

Fase 16: Creare la copertina del tuo eBook

Produrre la copertina eBook è un passo importante.

In sostanza, avete tre possibilità di focalizzare la produzione della copertina del suo libro:

In primo luogo, si può fare per te, e imparare l'arte di usare un programma di grafica come Photoshop. Illustrator o alcune altre cartelle che è possibile salvare come. JPEG. Produrre la copertina del tuo libro se stessi, è un ottimo modo per avere un "controllo creativo" tutti. E produrre le proprie immagini per la copertina eBook, avrà il più basso costo per l'autore o editore.

Creare il proprio coperchio eBook è davvero divertente. Vedrete come prendere i propri concetti graficamente, e quando vede il suo schermo di copertura presa, siate felici. E 'davvero più divertente che guardare la tua prima vendita!

Un altro modo, e il modo più semplice per produrre una splendida vista del vostro eBook è quello di utilizzare alcuni degli strumenti che Amazon ha da postare.

Amazon ha un generatore di copertine per libri elettronici, in cui pagina Bookshelf. Utilizzare questo programma come se si stesse scrivendo il vostro eBook a giocare con copertine differenti eBooks. Dopo aver immesso il titolo, sottotitolo e autore del libro nella vostra pagina Bookshelf, digitare il mago generatore eBook, e giocare con diversi disegni e layout.

Il generatore copre eBook Amazon mantenere il suo titolo, sottotitolo e autore del libro elettronico che avete precedentemente inserito sotto il suo nuovo titolo, e offrirà una gamma fino ad un limite, una galleria di immagini è possibile utilizzare l'intera larghezza della mondo e licenze libere. Lavorare con questo generatore copre eBooks di giocare con idee diverse e le modalità.

Nota: Continuate come bozza prima di aver deciso il vostro copertina finale disegno eBook.

In secondo luogo, si può "fare una sorgente esterna" la copertina eBook, e avere qualcosa da fare. Ci sono servizi e le uscite di servizi, come **fiverr.com** che offrono copertura eBooks di design che sono molto convenienti, e si può pagare a prezzi ragionevoli. Soprattutto, hai il tuo Mondo Copyright di proprietà sulle tue immagini e disegni.

La vostra terza opzione è un ibrido dei primi due. Il modo migliore è quello di prendere il tempo per progettare la copertina proprio eBook, e utilizzare le risorse, come quelle sopra descritte, per portare il proprio copertina del libro della vita, e salvarlo come una cartella. JPEG. Volete la vostra copertura eBook è intrigante, vibrante, vista scavenger, e soprattutto, emozionante per il lettore.

L'acquisto di immagini HD da sorgenti esterne quali **Fotolia.com** è una grande risorsa per la grafica vibrante che è possibile utilizzare sul vostro copertina del libro. Al momento della registrazione su Fotolia è possibile scaricare le immagini Royalty Free License, tipicamente una piccola tassa. Dopo aver scaricato le vostre foto, è possibile importare nel vostro programma di grafica e cominciare a modificare e aggiungere il titolo, sottotitolo e autore.

Per idee fantastiche eBook Covers sguardo fotolia, con i suoi 27 milioni di grafica Plus HD. Questo tipo di database potrebbe fornire molti elementi grafici utili e dinamico per la copertina eBook possibilità di progettazione e di idee fluire facilmente.

Capitolo Sette: L'importanza di un Editor

Il miglior consiglio che posso dare a un autore prima della pubblicazione, è alla ricerca di un editore. Questo non è solo qualcuno che può essere un "esperto" nel campo in cui si sta scrivendo, ma piuttosto un esempio del vostro lettore tipico.

La scrittura è complesso a diversi livelli. Avere più gli occhi sulla vostra scrittura è inestimabile. Non sta guardando una riscrittura con un editore. Stai guardando le note di produzione. Come leggere il tuo eBook? E 'facile sfogliare l'eBook?

Siete alla ricerca di "feedback" ogni aspetto dell'esperienza del lettore, le citazioni, gli spazi, la struttura delle frasi. Un software di controllo di scrittura in grado di identificare un sacco di scrittura, ma il fraseggio, il contenuto delle preghiere e la cadenza sono di vitale importanza per i migliori risultati, e quelli che sono i migliori per "impastare" a un editore.

Fase 17: Leggere il suo libro come un lettore

Una volta che hai scritto il tuo eBook avrete edizioni, revisioni, riscritture e aggiunte. Come ho scritto, si arriva ad un punto in cui ti sembra di aver raggiunto la fine della sua scrittura: il suo primo progetto.

Di solito uno scrittore è talmente assorto nel libro che sta scrivendo è facile perdere una certa prospettiva. Al momento si raggiunge la fine del suo libro, e come il suo finale Snatch cominciare a leggere, prendere un giorno dal vostro eBook, e poi tornare ad esso e leggere il tuo eBook da una prospettiva che è tuo lettore prospettiva. Vi garantisco che con una giornata, troverete molti più errori nel vostro manoscritto.

E 'facile da leggere eBook? Ti piace la vostra lettura? Questi aspetti sottili si rivelano come si ri-leggere il tuo eBook. Ciò richiede diversi valori finali, ma rivedere il vostro eBook dall'inizio alla fine come un lettore è un ottimo modo per accogliere bene nella sua forma definitiva.

Capitolo Otto: il caricamento del Documento e fare Live

Carica il tuo eBook è il momento della verità.

Lei ha scritto capitoli del eBook. Avete scritto i vostri articoli, tra cui "Chi l'Autore." Hai finalmente formattato il documento di Word, e inserito alcune immagini che si desidera includere.

Avete costruito l'indice, ed inserito tutti i collegamenti ipertestuali, rivolgendosi a siti esterni o il tuo eBook "Signs" ovunque nel documento.

Hai girato il documento a qualcuno il feedback di lettura. Un editor di fama è preferibile, ma tutti i lettori fornirà un prezioso feedback.

E avete dato SAVE AS in un formato cartella compressa. Il suo libro è quasi pronto a lanciare al mondo.

Tu rechequeado controllato e tutte le "strane" Hard-Resi e spazi della spaziatura barra di stato rimosso dal documento. Volete che i vostri pezzi puliti e privi di documento di parola straniera.

Il testo del documento è stato costruito con ritorni, rubriche 1 o 2 per i titoli. Tutte le interruzioni di pagina inserite alla fine di ogni capitolo a parte. Tutti i Segni e collegamenti ipertestuali installato e testato, come il suo indice.

Tutte le immagini sono state salvate trovi JPEG e cartelle compressi a una dimensione inferiore. A "Clean copia" del documento word.doc molto facilmente caricata.

Ora siete pronti a farlo vivere nella piattaforma Amazon nel passaggio successivo. Manca solo 10 passi per il rilascio.

Passo 18/19: Attivazione dell'account Pubblicazione con Kindle e caricando il tuo eBook

Per vivere in Rete con il vostro eBook su Kindle, eseguire le seguenti operazioni:

Fase uno: Assicurarsi che il contenuto del vostro eBook è memorizzato in forma di documenti Word.doc, e la vostra immagine di copertina è memorizzato in un formato di file JPEG documento separato Applicare SAVE AS sul desktop o nella cartella, come sopra descritto.

Fase due: attivare il tuo account su Amazon.com

Fase tre: ra segnala la sua pagina di Amazon inserisci Nuovo titolo.

Fase quattro: Una volta selezionato il nuovo titolo nella Bookshelf, compresi i dettagli del soggetto principale casa, compreso il titolo, sottotitolo, autore e qualsiasi altro contributo tempestivo. Tra il 7 Parole chiave e selezionare fino a 2 categorie offerti dalla scelta disponibile, e inserire una descrizione del vostro eBook. La pagina di descrizione verrà visualizzata nella pagina di vendita di Amazon.

Fase cinque: Creare una copertina ebook con la procedura guidata lo vedrà presto 8Usted Amazon) oppure Carica la cartella JPEG copertura eBook.

Passo sei: Selezionare Salva come bozza.

Passo Sette: Carica documento eBook. Selezionare Load eBook e digitare il nome della cartella. Doc punto. Digitare "carico" e tu sei sulla buona strada.

Passo Otto: Dopo Upload il tuo doc cartella eBook, cartella e JPEG immagine di copertina eBook con il "caso della copertura principale," quindi selezionare il prezzo del vostro eBook.

Prezzo E 'molto importante per il lato commerciale del tuo look eBook, quindi sto dedicando un capitolo a questo argomento. Si prega di consultare Capitolo Nove: monetizzazione. Dopo aver selezionato il prezzo di vendita per il tuo eBook in diversi paesi, siete pronti per il grande momento. Il momento che vivono in larghezza tutto il mondo.

Passo Nove: Tipo SAVE e-mail e il tuo portafoglio sarà addebitato su Amazon.

Passo Ten: Amazon richiedono 12-48 ore per elaborare le cartelle che avete caricati nel formato che supporta i dispositivi mobili. Amazon converte i documenti e le cartelle di documenti inviati in formato .MOBI, e, a volte vi sarà vivo per il vasto mondo sulla piattaforma Amazon.

Congratulazioni! Ora sei un autore pubblicato su Amazon!

Capitolo Nove: Monetizzazione

La pubblicazione digitale è un aspetto monetario. Download digitali di eBook possono essere offerti gratuitamente o si possono caricare per copia. La scelta è vostra. Se si decide di vendere il tuo eBook, Amazon ha facile entrare al prezzo selezionato.

Se si sceglie di pagare una tassa per il vostro eBook, allora si dovrebbe contattare monetizzazione. Basta impostare quanto si vuole far pagare per il vostro eBook?

Decidere prezzo piattaforma Kindle è determinato dalla foto dei vostri diritti d'autore, e il paese. È possibile impostare il prezzo in dollari USA per eBook, e se si dispone di diritti internazionali per il vostro eBook, è possibile utilizzare quel denaro per tutti i mercati, o scegliere prezzi diversi per i diversi paesi.

Amazon ha attualmente due strutture tariffarie royalties per gli autori. Puoi guadagnare il 35% o il 70% del prezzo di vendita, a seconda del prezzo che avete precedentemente selezionato per il vostro eBook, che varia in base al paese.

Se mettete il vostro prezzo eBook sotto 2,99 dollari, allora si vince il 35% royalty sulle vendite.

Se mettete il vostro eBook prezzo tra $ 2,99 e $ 9,99 ciascuno, allora si vince il 70% dei re.

Ma se il vostro prezzo è superiore a 9,99 dollari, poi di nuovo sopra il 35% delle vendite.

Definire prezzo ato il suo libro è una questione spinosa. Come regola generale, i pre4cios più basse tendono a vendere più libri elettronici che prezzi più elevati. Tuttavia, la mia esperienza dimostra che ci sono prezzi per eBook FICTION, NON FICTION e.

Gli eBook non-narrativa in grado di gestire un prezzo più alto, e talvolta giudicati da atteggiamenti di "si ottiene ciò che si compra."

La Fiction eBook, d'altra parte, sono migliori a prezzi minori. Il prezzo più popolare, nella mia ricerca è quello di stabilire i prezzi di eBook tra $ 1,99 e $ 5,99 per ciascuno, con il massimo del range di $ 2,99 a $ 3,99.

La pubblicazione digitale per depositare denaro è un gioco di numeri. Il miglior risultato sembra essere un equilibrio tra più vendite con meno margine, producendo reddito medio, che alcuni piccoli volumi di vendita con margini elevati. È n equilibrio globale di questo. Fortunatamente, con la piattaforma Kindle è possibile cambiare il vostro denaro in qualsiasi momento, e questo ti dà la possibilità di "giocare" con i prezzi per trovare il dolce di grano del vostro eBook.

Dopo un periodo iniziale non divulgato 60 giorni, Amazon pagato mensilmente se si raggiunge un volume di vendite minime. È possibile specificare per essere inviato automaticamente assegno mensile, bonifico bancario o EFT per il numero del vostro conto in banca. Amazon rende queste opzioni facili da selezionare ed eseguire.

Capitolo Dieci: Costruire il tuo Marchio

Pubblicazione digitale offre enormi ricchezze. Ai vecchi tempi la commercializzazione necessaria una grande quantità di risorse. Ora l'editoria digitale ti dà gli strumenti che lo rendono un potente pubblicista per un pubblico globale dal computer.

Costruisci il tuo Brand è tutta una questione di marketing dei vostri eBook, basato sulla base della vostra presenza sul web. Amazon ha sviluppato strumenti per autori ed editori, che devono dare vantaggi per rendere le vostre pubblicazioni piano di marketing.

Amazon Autore Pages fornisce per ciascuna delle loro piattaforme in tutto il mondo. Dopo aver pubblicato il primo libro, Amazon ti invierà un invito e-mail a firmare altre piattaforme internazionali da Amazon. Collegamenti principali e-mail e segno per gli strumenti di authoring di Amazon, e presenza sul web.

Posta su Amazon è solo l'inizio, attraverso un pozzo, per la pubblicazione di portata mondiale. Dopo aver pubblicato il eBook, si può considerare la stampa di alcune versioni di "Hard Copy" del tuo eBook.

Ci sono passaggi aggiuntivi che si possono adottare per rendere il loro marchio sul web. Puoi offrire la tua versione di "copia," domanda riconvenzionale, uno stampato per uno, con Crea spazio; es. Barnes & Noble è un altro grande sbocco per la distribuzione

Registrare un URL utilizzando il suo titolo a un sito web che avete creato da dedicare al vostro eBook. Il sito web, con il suo titolo URL eBook come potrebbe funzionare come strumento di marketing. A proposito di questo sito intitolato il suo libro si può costruire un collegamento (scaricare il codice da

Amazon) per portare la gente al negozio per comprare il suo libro eBook Amazon.

Inoltre, vi è un software che può essere scaricato da terzi, che consentono di gestire il download di un eBook in formato PDF dal tuo sito. Tuttavia essere molto cauti e stare sempre nel rispetto delle regole di Amazon, in modo da considerare tutto ciò che Amazon dice a proposito di questo argomento.

Nota: Costruire un sito web di hosting dedicato hanno il loro costo. Uno dei vantaggi di pubblicare con Amazon è che non ci sono costi.

Su piattaforme Amazon, inserisci il tuo eBook può, nel tempo, senza costi aggiuntivi, rendendo l'editoria digitale qualcosa senza precedenti in termini di potenziale ritorno dell'investimento. Tutto o quasi tutto il suo libro sul retro della copertina del vostro progetto.

Se si lavora la parte finale del libro, è possibile aumentare notevolmente le vendite, contatti canali di distribuzione aggiuntivi. Inviato il vostro eBook, è possibile pianificare le interviste interviste radiofoniche, conferenze, scrivere articoli stampa ed eseguire altre attività ricchi di uscite per una maggiore pubblicità e visibilità per il tuo eBook.

Capitolo Undici: Traduzioni Posta Nonfiction eBooks per il tuo eBook come Split

Ognuno ha la sua lingua madre. Tradurre il tuo Ebook lingue straniere è un metodo per arricchire la sua portata globale e aumentare il piacere dei vostri lettori.

Ci sono molti modi di affrontare la traduzione, come il linguaggio che lo circonda, è un delicatissimo proposizione in editoria eBook. Tuttavia, traducendo il suo libro fa grande senso dal punto di vista di marketing e di branding, e può essere molto efficace. Tuttavia, traducendo il suo libro fa grande senso da un punto di marketing e branding di vista, e può essere molto efficace.

La traduzione è meglio quando fa un madrelingua della lingua che si sta traducendo. Se non si dispone di un madrelingua, o debitamente autorizzato esaminato e accademico, con l'esperienza pratica della lingua siete interessati a fare la traduzione, chiunque altra opzione è quella di assumere un servizio.

Un altro metodo di documenti di Word traduzione in un'altra lingua è quello di utilizzare il software "traduzione automatica." Ma questi metodi dovrebbero essere usati con cura e d Very Good Rivedere punto a punto.

Utilizzare i traduttori "meccanici" è eccellente per fini di una prima bozza, ma sono meglio utilizzato in combinazione con un madrelingua. Software di traduzione deve ancora capire la vera sottigliezza del linguaggio, come traduzioni sono delicate e richiedono grande attenzione.

Google fornisce alcuni strumenti per Google Transalpine e può essere un buon punto di partenza. Le traduzioni piattaforma Kindle di lingua straniera del vostro eBook sono considerati indipendenti e separati dalla lingua originale scritto in eBook. Assicurarsi che tutti i diritti d'autore a scrivere le loro traduzioni, se si utilizza traduttori come terzi.

Capitolo Dodici: Descrizione e Guida rapida

Pubblicazione del eBook sulla piattaforma Kindle spettro mondiale di Amazon è qualcosa di potente, appagante, e potenzialmente redditizio.

Di seguito sono elencati i 19 passi da fare per produrre eBook vivaci, dinamiche e di successo pubblicati su piattaforma Amazon Kindle per le vendite e la distribuzione a tutti in tutto il mondo.

Utilizzare la procedura di seguito per prendere il vostro eBook dal concetto di Cash Flow.

Fase 1: Indice

Fase 2: Prefazione

Passo 3: Informazioni sul libro

Fase 4: Chi l'Autore

Fase 5: Introduzione

Fase 6: Capitoli

Passo 7: Epilogo

Fase 8: Titoli e sottotitoli

Step 9: Formattazione word.doc

Passo 10: Inserire interruzioni di pagina

Fase 11: Inserimento rubriche 1 e 2

Step 12: collegamenti ipertestuali o luoghi di interesse

Fase 13: Salvataggio e nominare le cartelle

Fase 14: Formattazione Images

Fase 15: Compressione cartelle

Fase 16: Creare la copertina del tuo eBook

Passo 17: Modifica il tuo eBook

Fase 18: Lista di controllo finale e Review

Carica 19: Carica in Amazzonia

Qui, futuro autore di eBook.

Le operazioni sopra descritte sono la vostra road map per la pubblicazione di eBook su Amazon. Questi sono gli strumenti per portare il vostro eBook dal computer al conducente del mondiale ampiezza piattaforma di vendita sul web, generare entrate.

La pubblicazione Kindle ti dà il modo più potente per guadagnare royalties, e raggiungere il mondo con la piattaforma di contenuti. So che potrete godere di rivedere i vostri rapporti che Amazon, e vedere quante volte in tutto il mondo il suo libro è venduto e apprezzato.

Forse la tua esperienza di questa pubblicazione come riparo come l'ho trovato, ma spero che questo libro è utile per i vostri progetti di risorse dell'editoria digitale.

Grazie per la lettura e felice su Kindle Amazon!

www.ingramcontent.com/pod-product-compliance
Lightning Source LLC
Chambersburg PA
CBHW071305170526
45165CB00003B/1426